AF450830

Cómo ser rico sin querer ser millonario

Tomo sueño—experiencia

César Rabelo

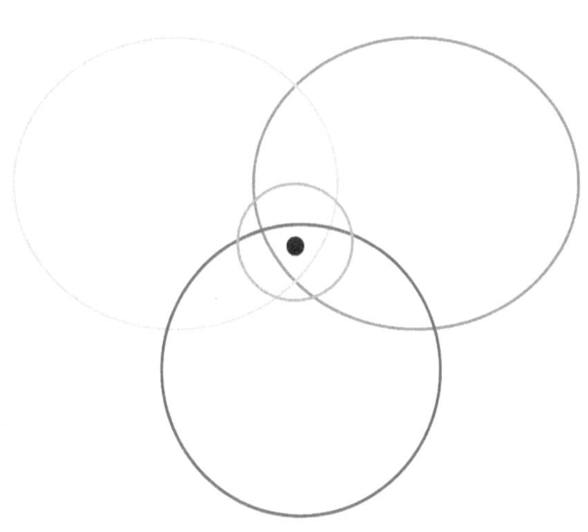

EDIQUID

CÓMO SER RICO SIN QUERER SER MILLONARIO
Tomo sueño–experiencia
© César Rabelo

Editado por: Corporación Ígneo, S.A.C.
para su sello editorial Ediquid
José Olaya 169, Ofic. 504, Miraflores. Lima, Perú
Primera edición, mayo, 2024

ISBN: 978-612-5142-65-8
Impresión bajo demanda

Hecho el Depósito Legal en la Biblioteca Nacional del Perú N° 2024-03691
Se terminó de imprimir en mayo de 2024 en:
ALEPH IMPRESIONES SRL
Jr. Risso Nro. 580 Lince, Lima

www.grupoigneo.com
Correo electrónico: contacto@grupoigneo.com
Facebook: Grupo Ígneo | X: @editorialigneo | Instagram: @grupoigneo

Colección: Integrales

Agradecimientos

Quiero agradecer a todas las personas que me han dado la oportunidad de aprender, son tiempos difíciles donde la humanidad se está quebrando y es difícil confiar en los demás, pero me ha gustado mucho que me den la confianza para poder demostrar algo: aún hay esperanza. Me siento muy feliz, pues esta es una prueba fehaciente de que a pesar de todas las dificultades se puede llegar a alcanzar las cosas.

Prólogo

El tiempo es uno de los aspectos esenciales de la vida, ignoramos cuándo, cómo o dónde moriremos. En cambio, podemos elegir dónde, cómo y hasta cuándo viviremos. Queremos vivir una vida excelente llena de éxito, aunque desperdiciamos el tiempo ya sea con las redes sociales, viendo series, durmiendo, dejando de hacer lo esencial o realizando lo equivocado en nuestra vida y, cuando nos percatamos, los ya años han pasado, nos arrepentimos de haber desaprovechado nuestra vida y malgastado el tiempo.

El tiempo pasa y su vuelta es irreversible, sin embargo, lo derrochamos de distintas maneras en situaciones estériles, además de desgastarlo con una vida laboral que nos impide hacer lo que queremos o incide en el abandono de nuestros sueños; así como también cuando lo desperdiciamos peleando con nuestra pareja; cuando mantenemos un orgullo negativo en contra de nuestras familias; sosteniendo rencores o emociones negativas hacia nuestros seres queridos; o en la escuela desatentos y distraídos; así como también cuando ignoramos los consejos que nos dan para la vida.

El tiempo es importante en esta vida y deja de valorarse. El tiempo es imposible de recuperar, se dice ahorrar tiempo, pero desconozco un banco donde puedas depositarlo. Ya lo dice aquella frase famosa: «hay más tiempo que vida», nosotros moriremos mientas el mundo y la vida de los demás proseguirá; el tiempo seguirá corriendo para todos. Cuántas veces hemos deseado abandonar actividades; retrasar el tiempo cuando cometemos un error; detenerlo cuando disfrutamos de la compañía de una persona o adelantarlo cuando tenemos una cita, esperamos un regalo o una fecha muy deseada. «Ser paciente es una virtud» y aprovechar el tiempo es una habilidad valiosa, es todo un reto aprender a valorarlo.

Las personas exitosas llegan adonde quieren porque han aprendido a usar su tiempo, tenemos las mismas horas, la diferencia es que los exitosos aprovechamos el tiempo.

Seguiremos pasos para convertirnos en exitosos, ricos sin querer ser adinerados y aunque parezca extraño es posible, obtendremos lo que muchas personas quieren y que para algunos ha dejado de ser importante: el aprovechamiento del tiempo y, en consecuencia, de la vida.

Si estás perdiendo el tiempo, hazte estas preguntas: ¿Cuál de estos prefieres ser, un hombre multimillonario, con un día de vida; o uno que viva tres cuartos de siglo o más, siendo rico

Cuando obtenga riqueza, además estabilidad económica, aprovechamiento pleno viviendo nuestro tiempo sin ataduras o cargas, con suficiente tiempo libre para hacer lo que nos gusta con plenitud y disfrute vital.

Existen libros que te indican o te guían con fórmulas o arengas para ser millonarios, hablan de cómo ser millonarios y en tales libros te brindan consejos, qué hacer para obtener dinero, cómo tener una mejor vida, cómo ser buenos en los trabajos, cómo crear hábitos, cómo emprender, cómo consolidar una empresa para tener activos, cómo invertir, qué actitudes tener, sin embargo, en aspectos personales relacionados con el tiempo y la riqueza esos libros están errados. Confunden dinero con vida, confort con vitalidad, tiempo equivale a dinero y bienes materiales a aprovechamiento vital.

Deja de sentirte mal, todavía hay remedio, aunque está bien lo que afirman esos libros, están basados en estudios sobre ricos, estudios en torno a pobres y estudios a propósito de humanos que están en ciertas situaciones. Tienen como objetivo consolidar personas adineradas y en consecuencia te brindan consejos o pautas que siguieron los millonarios para la obtención de su dinero y, por lo tanto, coinciden con estrategias de marketing o de ventas, para —según ellos— ser exitosos. Sostienen que para lograrlo necesitamos actitud, esos tipos de libro de superación y estrategias ayudan a identificarnos para la producción y la abundancia material, sin embargo, algún libro o estudio que nos ayude a identificarnos para vivir y ser ricos aún está por escribirse.

La clave para alcanzar el éxito es la actitud, pero ¿cómo conseguimos la actitud? Resulta lamentable, todavía ignoro cómo obtenerla, aunque sí podré decirte de dónde viene.

Las actitudes vienen de las experiencias vitales y aunque los humanos somos diferentes, tomamos las situaciones de diversas maneras. La experiencia y lo que hacemos con ella es lo que nos llevará al éxito en la vida e incidirá de manera importante en la obtención de la riqueza; ser millonarios es factible.

Se puede ser millonario sin experiencia, sin embargo, este tipo de riqueza heredada o conseguida sin esfuerzo es temporal, te explicaré con detalle paso a paso los tipos de humanos y su clasificación o agrupación.

A continuación, describiré algunos pasos esenciales para ser una persona rica sin querer ser millonaria.

Capítulo 1 $= f(c)_{\Delta e} = GE$
Función del crecimiento con respecto a la experiencia es igual a buena experiencia

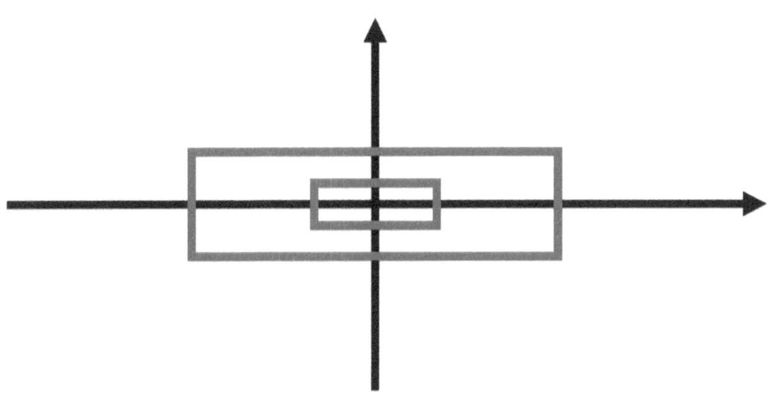

Cápsula del tiempo 1.1

Aprendí a hacer cápsulas de tiempo cuando tenía diez años, los recuerdos más duraderos son aquellos que tienen más enlaces neuronales; entonces si quieres recordar por mucho tiempo solo tienes que estar atento en el momento, percibir el olor, memorizarlo tu alrededor, recordar los sentimientos, grabar en la mente lo que sea posible.

Cuando tenía 18 años, fui mesero en un restaurante ubicado en un hotel de la ciudad de Cancún, teníamos muchas mesas cada noche y pocas de aquellas nos dejaban propina; la propina fue la mayor parte de nuestras ganancias diarias y hubo algunos meses que duplicó al salario y en otros los ingresos por tal concepto fueron nulos.

En aquellos tiempos aprendí a dar propinas, en taxis, restaurantes, estéticas, dejo propinas porque —si estuviera en su lugar— me gustaría que me dieran propina, es fácil aprender, a ser empáticos y pensar que trabajan por necesidad.

Desde aquellos momentos juveniles —en los cuales viví tal experiencia— les he llamado la atención a aquellos negados a dar propinas, porque he experimentado qué se siente y en ocasiones tienes que vivirlo porque con anécdotas ajenas sería insuficiente.

Así las personas ricas son generosas o toman buenas actitudes ante los inconvenientes, porque saben y entienden que los errores pasan y saben, creen y sienten que su superioridad o diferencia es inexistente.

Cuadrantes y tipos de vida

Hay diversos tipos de personas, somos diferentes unos de otros. Primero entérate qué tipo de ser vivo eres, aunque han existido infinidad de personas en el mundo podemos clasificarlas a todas en pequeños grupos.

En realidad, existen varios grupos establecidos en todos los lugares conocidos, es propio de nuestro mundo, hay grupos sociales, grupos exclusivos hechos por la sociedad, por las escuelas, por los trabajos, hasta podría decirte que, en la actualidad, perteneces a varios grupos, ya sea religioso, por un anime favorito o por cualquier otro tema.

En esta ocasión te hablaré de grupos generales y específicos, hablaré de tipos de personas y aclararé cada uno de ellos para que, al finalizar este libro, entiendas por qué posees la vida que llevas.

Para empezar con las tipologías, haremos lo más práctico, sencillo, manejable y posible. ¿Cómo lo lograremos? Desde nuestros estudios elementales aprendemos sobre los cuadrantes: un plano con dos ejes nos lleva a concebir 4 partes o cuadrantes, en esta ocasión cada uno de los ejes tendrá un nombre, el primero será llamado **experiencia** y el segundo **dinero**.

El primer eje nos indica la experiencia requerida por el ser humano, en ella entran muchos factores de conocimiento, moral, general; muchos aspectos actitudinales, también de determinación, y de motivación, entre muchos otros aspectos.

El segundo eje, el del dinero, fácil de entender, nos indica lo material y lo contable.

Cada uno de los ejes está dividido en dos de modo preciso cuando el otro eje se encuentra cambia el sentido de cada eje en cantidad, llegando así a 4 tipos de personas; el que tiene y el que carece de dinero y el que tiene o adolece de experiencias.

Aclarando cada uno de los ejes explicaremos cada uno de los cuadrantes y algunas de sus características con el fin de saber en cuál cuadrante estás. ¿Cómo defines a ′partir de esta concepción qué tipo de persona eres?

Cápsula 1.2. El poder de observar

Observo con atención y desde joven me ha gustado entender a las personas y el porqué de su comportamiento.

He considerado 4 tipos de personas —siendo un poco superficial— y las visualizamos con facilidad en un cuadrante, así lo concebí, aunque conforme han pasado los años fui cambiando está idea primigenia. Siendo más observador fui adquiriendo experiencia y sobre todo aprendí sobre la vida por cuenta propia, nací en una familia sin recursos, lo cual lejos de desagradarme o minimizarme posibilitó con precisión el ascenso a la cima.

Cuarto cuadrante

Comenzaré con el cuadrante inferior para dar cuenta de las personas «más comunes» o quizás el tipo de personas que más abundan en el mundo porque es fácil seguir dicho camino. Hablamos del cuadrante cuatro y allí ubicamos a aquellas personas que dejan de hacer, nada aportan. Conciben a la vida con simpleza y dejan de hacer cambios en la vida, sin tener un objetivo, ya que si lo tuviesen los cambios ejecutados deberían acercarse a dicho objetivo sin importar si son buenos o son malos, lo único que importa es llegar.

Cápsulas 1.3. Cambios

Los cambios son aquellos pasos que nos alejan o nos acercan a nuestras metas, actuar de modo distinto y decidido genera cambios, hay que hacer actividades extraordinarias para propiciar transformaciones esenciales, así de sencillo y en este otro cuadrante están aquellos que se estancan en una vida repetitiva e improductiva, aunque perciben los conflictos, prefieren buscar culpables en lugar de buscar soluciones; se mantienen en su zona de confort y se quedan con lo primero que obtienen.

Las personas que pertenecen a dicho cuadrante suelen ser pesimistas, carecen de experiencia en la vida porque evaden los conflictos y además carecen de dinero por falta de energía o de motivación.

Acá podrían incluirse a las personas que carecen de dinero y experiencia, aquellas personas que nunca descubrieron qué hacer con sus vidas y dejaron de hacer o siempre hicieron lo mínimo y que además les fue mal, aquellos que se cayeron y por desconocer qué hacer de manera precisa con su vida, quedaron tendidos. Quizás el ejemplo sería un vagabundo, personas sin aspiraciones y sin motivaciones, quizás un vagabundo sea la persona correcta ya que podría tener títulos o posesiones materiales, aunque ignoraría qué hacer con ellos, se encuentra dónde está por su propio deseo.

Siendo el pesimismo uno de sus puntos débiles, estos piensan que el motivo de sus fracasos es su mala suerte, su vida está en manos de una probabilidad inexistente, culpan a las otras personas por sus errores, buscan excusas, les gusta su zona. Allí se sienten seguros sin riesgos, son miedosos de experimentar novedades y se creen felices hasta un cierto punto ya que sienten que es lo que pudieron lograr.

Cápsula 1.3. Felicidad relativa

¿La felicidad se mide por un baremo?, distinto a la cantidad de objetos o tareas que tienes, la felicidad se mide por la plenitud, intensidad y calidad de vivencias que haces. Tus acciones te dan emociones y recompensas, independiente de la valoración o el juicio de ellas; será bueno o malo lo que conseguirás.

Quizás se asemeje a las matemáticas donde hay muchas formas de llegar al resultado, para algunas es fácil derivar, quizás para otras es más fácil integrar, es relativo porque para muchos la felicidad se mide con un estado mental y emocional distinto a la cantidad de objetos materiales y pertenencias; para otros se tasa con dinero, terrenos, diamantes, carros, posesiones materiales vacías sin sentimientos que al final hacen sentir vacío al ser humano.

Para algunas personas mayores, la felicidad son pequeños momentos en la vida, así puede ser muy sencilla su felicidad y por eso manifiesto que difiere entre uno y otro ser; da igual las posesiones que tengas o los estados anímicos y las satisfacciones.

La felicidad, aunque es fugaz cuando se trata de una vivencia, va de la mano con la experiencia y es probable que del optimismo de la persona, tan solo un poco de optimismo, mientras más experiencias valoramos la importancia del tiempo y reconocemos que cada instante puede ser mágico para cada uno de nosotros y va desde hasta tomar un café en un McDonald por las mañanas o disfrutar de la experiencia de viajar en un crucero en alta mar hasta disfrutar contemplando un paisaje o un compartir con seres amados.

Muchas personas apreciamos la paz, la soledad, la vida, el tiempo que tenemos, la tranquilidad de poder sentarnos en una cafetería, tomar un café y contemplar el paisaje y observar a las personas que pasan; mientras que para muchos otros lo importante es postear para recibir la aprobación social y sentir seguridad de personas ajenas.

Tercer cuadrante

Aquellos que tienen dinero en abundancia, antes bien carecen de experiencia, incluimos en este grupo a aquellos que nacen con una fortuna, con dinero familiar o con alguna herencia «nació en cuna de oro» decimos. Poseen en abundancia «bienes» materiales no obstante carecen de experiencia, y debido a que son inexpertos ignoran cómo trabajar el dinero, de qué manera acertada invertirlo o desconocen qué tanto cuesta conseguir y valorar al dinero, por lo tanto, al carecer de experiencia con el tiempo pierden su dinero porque lo malgastan o ignoran qué hacer de modo adecuado y acertado con él.

Estos dos cuadrantes sin experiencia tienen características similares como: ser pesimistas, desconocer qué hacer en su vida, ignorar o desestimar las motivaciones correctas, resultan por lo tanto groseras, engreídas, prepotentes, egoístas (más de lo normal) se rinden con facilidad y ninguna de las dos sabe trabajar en su propio camino.

Un aspecto importante para resaltar es que la experiencia actúa de modo extraño ya que se trata de acciones, además de seguir un par de comportamientos para obtener experiencia, la experiencia requiere de un punto fuerte que es la actitud.

Pongamos un ejemplo simple, mi madre cuando era joven nos castigaba porque quería que siguiéramos un buen camino y con tal actitud pudo haber producido consecuencias diversas, pude haber sido —a raíz de este trato—, una persona muy recta por miedo a la autoridad de mi madre, o pude optar por la rebeldía para llevarle la contraria , pude inclusive dejar de explorar el mundo por el cuidado extremo y así como estos muchísimos ejemplos más, con esto llegamos a la conclusión que nosotros tenemos la elección de cómo transformar en experiencia lo que nos pasa.

Segundo cuadrante

En el segundo cuadrante concebimos el concepto de experiencia y entre más subimos menos cantidad de personas encontramos; sumando ambos cuadrantes, encontraremos apenas entre el 15 y el 20 por ciento de las personas.

En este cuadrante situamos a las personas con experiencia, sin dinero, pareciera un chiste, sin embargo, el mayor porcentaje de soñadores salen de este cuadrante. En este cuadrante están las personas que viven con lo mínimo o lo justo de dinero, personas que son optimistas y son proactivas, que saben de la vida y aprenden de ella por los golpes de la misma y casi siempre son humildes y nobles. Saben de la vida, lo dolorosa y difícil que es, aprenden de los errores y se levantan para salir adelante, toman buenas actitudes antes las dificultades y proporcionan soluciones.

Puedo hablar mucho de este cuadrante porque es donde estoy en la actualidad, pertenezco a este cuadrante, por poco tiempo, solemos nacer o crecer en este cuadrante y después de un tiempo cambiar al primero, de igual forma muchos se quedan en el camino.

Cápsula 1.4. Descanso

Terminar la vida puede ser egoísta para muchos, esta idea es para las personas que lo rodean, resulta desafortunado y siento con sinceridad que llegamos a un punto de quiebre donde queremos descansar de la vida, nacemos fuera de la «cuna de oro», somos aquellos que nacen sin nada y vamos creciendo, superando a los que nacieron o tuvieron mejores oportunidades que nosotros, nos caemos y nos levantamos las veces que sean necesarias.

Llega un punto en el cual disfrutamos del dolor, nos reímos de todas las situaciones malas que nos pasan porque estamos acostumbrados a tener una vida «de la chingada», sin suerte y aun así pensamos en que llegaremos adonde queremos.

En este punto de quiebre, pasan los años y seguimos en lo mismo, siguen lloviendo los golpes y pensamos que ya es el momento, que ha llegado el momento de descansar, estamos cansados de tantos impactos y debido a que los mismos proporcionan una cantidad insuficiente de experiencia nos sentimos viejos, por lo tanto pensamos que es el momento de descansar, que ya hemos vivido lo suficiente para descansar, que de manera increíble y con toda la experiencia que tenemos sería imposible seguir aprendiendo, aunque la vida nos sigue poniendo obstáculos y entonces pensamos en un pequeño descanso eterno y las personas de a nuestro alrededor lo toman a mal:

—Soy el que ha sufrido.

—Soy el que aguanta los golpes.

—Soy el que sigue de pie y te atreves a decirme que luche cuando estás en el suelo.

—Soy el que se siente cansado.

—Soy el que carga con todo este peso.

Dudamos, aunque pensamos que debemos aguantar un poco más porque somos uno entre millones, hacemos la diferencia y debemos decir: «si se puede».

Primer cuadrante

Este es el cuadrante más reducido, a él pertenecen aquellos que tienen dinero, difieren en este sentido del cuadrante opuesto: son muy observadores y sobre todo escuchan, se les dificulta el aprendizaje empírico ya que al dejar de estar expuestos a las dificultades carecen de pruebas constantes a su resistencia o a la adquisición fáctica del conocimiento, aprenden mucho de las anécdotas y de las experiencias de otros.

El problema de las personas ubicadas en este cuadrante deviene de que tienen a su disposición los recursos materiales y las condiciones de su entorno resueltas, se encuentran limitadas para formular sueños y se conforman con su permanencia en el área de confort hasta que caen en cuenta, ya tarde, que están en la escalera correcta aunque apoyados en la pared equivocada.

Uno de los grandes inconvenientes de estar en dicho cuadrante es el confort porque una vez que se llega allí se tiende a pensar que todo está hecho en la vida.

Se asemeja a cuando obtenemos un trabajo y comenzamos en lo más bajo, vamos subiendo de puesto. ¿Es lo que queremos? ¿En serio eso es lo que buscamos en la vida? ¿Solo tener un buen trabajo y ayudar a otros a cumplir sus sueños? Llegamos a un punto donde dejamos de ascender, a menos que el dueño de la compañía quiera darte su puesto. ¿A dónde es que quiero llegar?

Por ejemplo, en el caso de que tuviéramos una pastelería solo para obtener dinero, proyectando que debería ser la mejor de la ciudad, cuando sea mejor del distrito debe seguir a la del Estado, luego a la de la provincia o del país, tenemos el suficiente tiempo para que sea la mejor del mundo y cuando eso pase entonces si estamos listos para disfrutar del confort.

Otro de los grandes inconvenientes de este cuadrante es que debido a que se presentan y resuelven los problemas con relativa facilidad o porque tienen menos conflictos, en consecuencia, carecen de experiencia lo cual resulta importante para la consideración de algunos aspectos que abordaremos más adelante.

Parámetro (crecimiento)
Es importante aclarar del primer cuadrante que es aplicado en el crecimiento de las personas, en otras palabras, estamos en la primera fase o hablando de las formaciones de las personas con respecto a la experiencia obtenida, con claridad me extendí abordando situaciones presentes, pasadas y futuras del ser humano.

Cápsula 1.6. Experiencia vs. años

Imaginemos que hablamos con un viejo que ha permanecido en estado vegetal por años, desde que era un bebé, le podríamos hacer muchas preguntas: ¿Cómo es un cine? ¿Qué haríamos en la primera cita? ¿Cómo tomarle la mano a una mujer? o cualquier otra cosa y es probable que dejará de contestarnos porque ignorará qué se siente o qué hacer. Sería como hablar con el bebé que alguna vez fue, alguien que aún desconoce todo de la vida, sí en cambio si habláramos con un joven que ha experimentado multiplicidad de vivencias, tal vez carezca todavía de todas las respuestas sobre qué hacer, no obstante, podrá contarnos quizás qué evitar hacer —porque está en una etapa de aciertos y errores— y tendrá una idea aproximada del funcionamiento de la vida.

La edad es ajena a la experiencia, muchos han durado y en el transcurso de su longevidad han dejado de vivir; la experiencia proviene de las vivencias más que de los años que dure un humano sobre la tierra. El tiempo per se es distinto a la vida; en cambio, su aprovechamiento, valoración y buen uso te llenará de vida plena y abundante.

Capítulo 2
$f(h)_{\nabla e}=S^e$
Función de humanidad con respecto a experiencia es igual a sueño elevado a la potencia de éxito

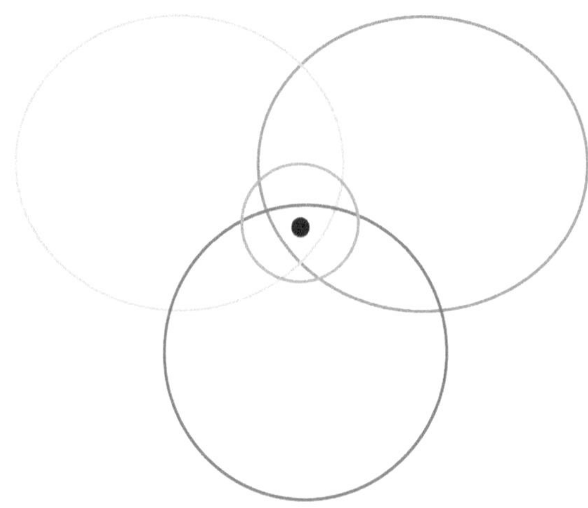

Lo que está en la imagen es la humanidad agrupada por tipos de personas y veremos cada una de ellas.

La humanidad está divida en 3 grupos que son riqueza, poder y fama, existen las combinaciones: poder y fama; poder y riqueza; riqueza y fama y para cada una de ellas tenemos un nombre, inclusive para un pequeño grupo que está en el centro de todo y son aquellas personas que lo tienen todo.

Las personas o el grupo de personas que están en el centro son un grupo especial ya que llegar ahí tiene sus pasos y ahí están incluidas otras personas además de los artistas o de cualquier otra persona que pienses que tienen todo en la vida. Son otros los cuales creemos que tienen dinero, ni actores o presidentes, son aquellas personas que van más allá de tener posesiones materiales y mucho más allá de tener contactos o cierta influencia en los demás.

Para explicar lo que significa esta imagen definiremos cada uno de los círculos, cada uno tiene un color, los colores son ilustrativos o referenciales para una explicación mejor de cada círculo y su relación con los otros.

✓ color amarillo representa el dinero
✓ color azul representa la fama
✓ color rojo representa el poder
✓ color verde representa experiencia
✓ color negro representa soñadores

Nos identificamos con anterioridad en uno de los cuadrantes ¡Excelente! A continuación, haremos lo mismo en esta imagen, cada uno irá más allá de lo superficial y veremos con detalle cada una de las áreas (la imagen es para ayudar a ubicarte en que parte del círculo estás en la actualidad).

Verde

Este color representa la experiencia vista por la sociedad o como la percibe la sociedad, representa el término o las acciones de bueno y de malo ¿Por qué? La sociedad clasifica así a los humanos destacando sus acciones. Por ejemplo, existen gobernantes que ayudan a otras personas y tales hechos están dentro del círculo verde debido a que tienen la experiencia en su vida y reconocen —por experiencia— al dolor, entonces ayudan a los demás, aunque igual hay una parte ajena del círculo verde que son aquellos gobernantes corruptos, que roban dinero y solo piensan en sí mismos y dejan de ayudar a otros.

El círculo verde es pequeño ya que poquísimas personas cuentan con tal experiencia por lo que se diría que las personas buenas con experiencias son pocas y, en realidad, el porcentaje es adecuado ya que las personas, somos egoístas por defecto, por naturaleza humana carecemos de experiencia.

Cápsula 2.1. Humanidad

Desde que era pequeño era diferente a otras personas cercanas, conforme crecí fui cambiando para bien, mi sueño fue crear un nuevo mundo y con eso me refiero a hacer posible repoblar un nuevo mundo, resulta extraño para un niño «normal» que, por lo general, sueña con ser policía, ingeniero, doctor o enfermero.

Esa percepción infantil supuso de modo precoz un interés genuino por la humanidad, desde entonces he querido «salvar» a la humanidad, confío. ¿A dónde quiero llegar? Extiendo la mano cuando otro necesita ayuda porque antes de salvar a la humanidad puedo salvar a cada persona que me rodea, hago acciones bondadosas y eso me hace más humano, poseo «humanidad» por ejemplo, dono ropa, coloco la basura en su lugar, cuando me topo con un vagabundo lo alimento, dejo con generosidad propina.

Pensarás que recalcar tales acciones resulta absurdo o vano, reconozco que otros son similares, sin embargo, desconozco —en el entorno cercano— personas que lo hagan, aunque dicha actitud a veces ha posibilitado desatinos en otros. Hay personas que han abusado de la confianza, que me han estafado, durante estos 25 años me han asaltado cerca de una decena de veces.

Hacer actividades buenas deja de ser proporcional a que, en consecuencia, te ocurran u obtengas buenos resultados como lo indica el dharma. La abundancia material deja de ser automática porque exista bondad, te da satisfacción personal y te llena de humanidad. En varias ocasiones vitales me he preguntado ¿Qué tipo de extraterrestre he sido?, ¿de cuál planeta he venido?, ¿por qué he sido diferente a los demás?, ¿he sido alguna especie de ángel o demonio? Al final descubrí que la diferencia que tengo con otros es que soy más humano.

Proseguimos con el primer círculo, donde se encuentran la mayoría de los humanos.

Dinero

El círculo amarillo representa el dinero y la mayoría de los humanos en mayor o menor medida lo poseen.

Como ya explicábamos hay dos tipos de dinero y tal concepción divide al círculo verde derivado de la experiencia.

¿Cuál es la riqueza buena y cuál la mala? Los que están dentro del círculo son los que tienen dinero y ayudan a otros con donaciones, buenas acciones u otras labores de ayuda y, en la parte exterior,

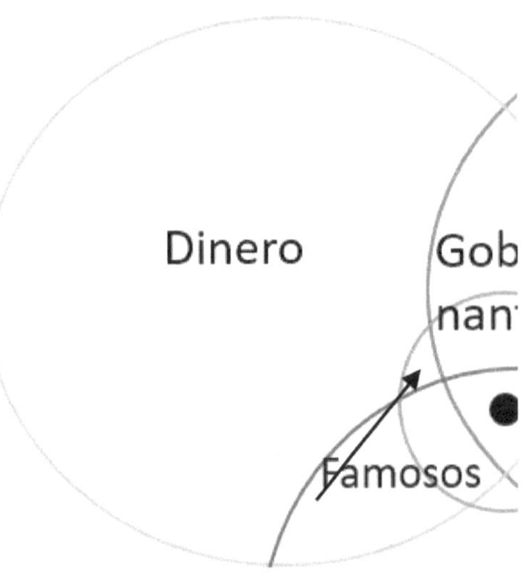

todos aquellos otros que son egoístas, que dejan de ayudar. Son pocos los que ayudan a otros ya que, por lo general, luchamos por nuestros intereses y dejamos de compartir o ayudar.

Gobernantes

Se agrupan en este conjunto a todos aquellos que tienen poder, los cuales «gobiernan» a otros.

La explicación del poder es simple: es la facilidad de acceder a personas o posesiones materiales.

Los gobernantes son una combinación de los dos círculos entre poder y dinero, como habíamos considerado ya: existen dos tipos de gobernantes de igual modo a como está dividido el círculo verde, sin embargo a diferencia de la ilustración acá la parte de adentro del círculo verde es mayor porque es una obligación de los gobernantes la ayuda y porque es posible y viable ayudar a otros cuando tienes más, en consecuencia, se sostendría que, un gran porcentaje de gobernantes ayudan, el mismo es menor al 30por ciento del total.

Destaquemos que tal área debiera ser obvia y su existencia redunda porque es una obligación de los gobernantes ayudar, es su deber, su trabajo. Para tal fin se usa el dinero del pueblo para pagarles. Vivimos es un mundo humano y es de humanos robar así que, por ese mismo motivo, tal acción indeseada tiene un espacio en la imagen.

Poder

En el círculo del poder están todas aquellas figuras que desconocemos, hay muchos que cuentan con poder, si bien desconocemos quiénes son porque son figuras privadas u ocultas. Hay dos tipos el bueno y el malo y ambos están diferenciados por el círculo verde, conforme avanzamos la explicación de los círculos se entienden mejor, se ubican y se distinguen a distintos seres humanos.

El poder permite acceder a posesiones y recursos, con seguridad tenemos una idea en la cabeza de quiénes pueden estar aquí, como mexicano pudiera ubicar en esta área oculta a los narcotraficantes.

Estrellas

Las estrellas son una combinación entre poder y fama, representan aquellas figuras públicas las cuales son conocidas por muchas personas como, por ejemplo, los presidentes. Acá se distinguen dos tipologías: aquellos que ayudan al país y aquellos otros dictadores que usan el poder de modo arbitrario y egoísta.

Fama

Son aquellas figuras reconocidas por muchas personas, aunque carecen de poder o mucha riqueza, como hijos de presidentes, dependiendo del presidente, hijos de famosos o estrellas.

Pensamos en famosos y todo los vemos con dinero, aun cuando más que en la cantidad de fama nos centramos en las pertenencias que tienen a su alcance, en este caso, enfocando al poder y al dinero.

Sostuve que dependiendo del presidente debido a que muchos presidentes, por nepotismo, le dan contratos millonarios a sus hijos para que consigan dinero o bueno, muchas otras formas posibles, este es un libro distinto a uno de ciencias políticas, por lo tanto, continuemos.

Famosos

Es la combinación entre dinero y fama, tienen una gran fortuna y son famosos y se podía pensar que todos los famosos son millonarios, aunque muchos terminan gastando más de lo que han ganado y despilfarrando el dinero, lo que «fácil viene fácil se va» sostiene el dicho. En esta parte está divida el círculo verde, dentro de ese círculo verde están aquellos famosos o estrellas que ayudan a personas con donaciones o actividades altruistas, pasemos a lo interesante

Capítulo 3
f(s)=e/e
Función de soñador es igual a éxito entre experiencia

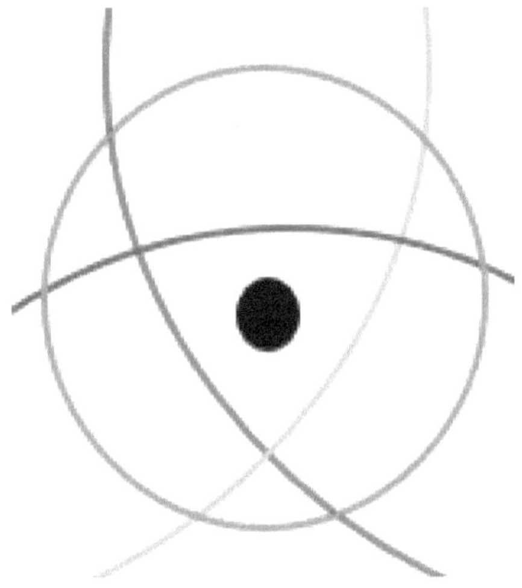

Abordaremos lo más complicado, hay un área que está conformada por los 3 círculos, de alguna forma esta parte está dentro del círculo verde de la experiencia y aunque parezca extraño es ajena a él, entre más experiencia tenga una persona es probable que tenga más éxito, se puede decir que en esta pequeña parte están todas las personas exitosas, además de éxito tienen una característica especial y por eso obtienen el nombre de soñadores.

Soñador

Toda la parte del centro es llamada área de los soñadores y una característica de esencial para ellos es la experiencia. La experiencia es el inicio de la actitud.

El punto negro es la misma clasificación o tipo, son los soñadores, es preciso aclarar que ese punto está colocado por la sociedad; primero hablaremos de los soñadores que hay fuera del círculo negro, sus características y lo que es un sueño.

Los soñadores son aquellos los cuales tienen un sueño, aunque parece redundante, igual ha de distinguirse que un sueño es distinto a una meta, hay una diferencia notable entre estas dos palabras. El sueño es lo que queremos, anhelamos y que para el resto resulta imposible o es tildado de locura, ¿En realidad es imposible?, ¿qué es lo imposible? 600 años atrás nadie hubiera imaginado mandar un mensaje al otro lado del mundo mediante un dispositivo electrónico, era imposible, su enunciación hubiese costado la vida porque tal noción hubiese sido tildada de herejía o brujería.

La imposibilidad y la locura están marcadas para los soñadores por la sociedad y con claridad ella está imposibilitada para establecer lo que es imposible. Para la sociedad los soñadores somos calificados como ovejas negras, locos o ilusos por dejar de vivir en la «realidad» que impone, vivimos una vida diferente y tal distinción es la experiencia.

Es probable que, si estás viviendo una vida aburrida o te sientes vacío, quizás estás dejando de vivir lo que en realidad quieres, es probable que si sientes miedo sea el camino correcto, el miedo constituye la barrera que nos detiene ante los cambios y la novedad. En ocasiones tales cambios son para mejorar, es como subir a un juego mecano donde sientes miedo, al mismo tiempo sientes aquella sensación de adrenalina que recorre cada fibra de tu cuerpo y al final te sientes genial, aunque si dejas de intentarlo nunca lo sabrás, si dejas de enfrentar tus miedos desconocerás cuáles son tus verdaderos límites.

Cápsula 3.1. Característica de un sueño. Sueño 2.0

Un sueño es muchísimo más que metas trazadas, llegamos a un punto donde aprendemos a identificar las palabras, aprendemos el verdadero significado de los sinónimos, parecen palabras «iguales», «similares», aunque «similar» es distinto a «parecido».

Usando la geometría parecido es una figura en comparación a la otra diferente en tamaño, diferente en forma, es «parecida» y similar es la misma figura solo que de diferente tamaño, lo mismo pasa con las metas y los sueños.

Un sueño es lo que otros consideran imposible ¿Parece alocado? Un sueño es alcanzar tal imposible, plantearlo, trazarlo, planearlo para llegar a conseguirlo, pareciera egoísta, poseo esta habilidad o este don de soñar. Porque tener un sueño es difícil, enunciarlo fácil, empero comprometerse a conseguirlo es complicado. Resulta difícil encontrar esa pregunta que nadie haya hecho y que todos quieren saber su respuesta.

Cuando hablamos de un sueño, superaremos el concepto de lo «especial» o como dicen en el pueblo «de cualquier baba de perico» hablamos, en cambio, de un asunto extraordinario, nacemos con tal habilidad, nacemos para plantearlo y hacerlo posible.

Nada nos detiene cuando tenemos un sueño trazado y ahí está la parte «mala» de este don maravilloso, porque lo bueno contiene también una esencia negativa, nuestro sueño es tan especial que nos obsesionamos con alcanzarlo, somos indetenibles y eso puede ser peligroso porque dejamos de pensar qué es lo que se pondrá en nuestro camino, hacemos «lo que sea» para lograr nuestro sueño.

Es en ese momento cuando nacen los inconvenientes, al margen de tal dificultad o el peligro dividir o clasificar a los soñadores en dos como todo lo demás en esta vida es improcedente. Porque el objetivo de nosotros como soñadores es alcanzarlo.

En ocasiones un sueño te puede sustraer felicidad, dinero, fama, fortuna o cualquier otro aspecto que ansían los humanos, un sueño concede libertad. Libertad para morir en el intento de alcanzarlo, el sueño es incansable, imparable —hasta su consecución— nuestra vida gira alrededor de nuestro sueño.

Metas difiere a sueño, porque podemos establecernos muchas metas, ni todas las metas del mundo equivalen a un sueño, porque es lo que se puede hacer. Por persona solo hay un sueño. El espacio para otro sueño simultáneo es incompatible en es esta vida porque sabemos todo lo que involucra tener solo un sueño, involucra una vida y morir en el intento si así lo ameritase.

«Los soñadores desconocemos las limitaciones».

Cápsula 3.2. Reglas -humanos

Se preguntarán por qué designo y distingo como humanos a las personas, pareciera una redundancia hay humanos que dejan de ser personas y viceversa, distan ambos términos de ser sinónimos.

Las personas son especies en desarrollo, algunas más desarrolladas que otras, y me resulta agradable observarlas, aprendo mucho de ellas, me gusta experimentar con ellas, observarla y valorar su comportamiento, entre muchas otras actividades.

Como ya dije, considero que las dificultades de los humanos son sencillas y fáciles de resolver, son predecibles, extraños porque les gusta la información ajena, les gusta la atención e invierten tiempo en actividades sin sentido, me considero —en tal sentido— diferente a los humanos por dos puntos:

1.— Tengo reglas.
2.— Funciono diferente.

Cápsula 3.2.1 Reglas

1. Seguir las reglas

Porque para qué tener reglas si las desconoceré.

2. Cumplir las promesas

¿Cuándo una persona comienza de cero, carece de todo? ¿Cómo hacer que una persona confíe en ti? ¿Cómo comenzar a escribir tu historia? Los humanos recuerdan a aquellas personas que cumplen sus promesas, cuando comenzamos desde cero solo tenemos nuestra palabra y muchos humanos la pierden porque carecen de palabra, mienten, dejan de hacer lo que han dicho y es importante dicha coherencia, seamos responsables y cumplamos.

3. Nunca dar el primer golpe

Estoy lejos de ser el hombre más fuerte del mundo, los soñadores somos imparables, desconocemos rendirnos, indetenibles aún en la peor adversidad, antes de pelear preferimos evitar, porque ganar implica dañar a otros, entonces es mejor optar por reconocer conflictos o diferencias. Tales inconvenientes se traducirán en acuerdos y concesiones antes que en pugnas donde haya un perdedor y un ganador, con sabiduría «elegir tus batallas» la interpreto como «evitar comenzarlas».

4. Respeta la vida de otras personas

La injerencia me resulta inexistente, he desterrado la «opinología» porque juzgar al otro es desconocerlo y tal intromisión atrae y reparte infelicidad, además te desvía de tu cometido porque dejas de vivir para representar papeles ajenos que desconoces y eso te aleja del camino de tus sueños, si esa experiencia que el otro ha tenido es extraña a ti ¿por qué asumirla? perderás enfoque y tiempo si se irrespeta la vida ajena.

3.1.1.1 Ley de la incertidumbre (ignorancia)

En cierta ocasión, en un trabajo —cuando era joven— me encontré a un señor con ojos azules, muy bueno con las mujeres y casado, aunque de vez en cuando tenía sus aventuras con otras mujeres y le pregunté por qué le era infiel a su mujer y me contestó:

—Mi mujer se queda en casa todo el día y está sola por lo menos 10 horas al día que son las horas que permanezco en el trabajo y desconozco si es infiel, entonces por si ella me es infiel pues también actuaré así y si me es fiel pues ya ni modo.

La ley de la incertidumbre consiste en proceder de esa manera, ignorar qué pasa y a partir de esa premisa existen dos posibilidades simultáneas, la única forma que conozcas qué sucede consiste en que te enteres de lo que pasa.

La ley de la incertidumbre la divido o aplico en dos partes donde a una de ellas la he llamado: vida del ignorante.

En la actualidad vivimos una era digital donde al abrir las aplicaciones de redes sociales conoces o intuyes lo que están haciendo otras personas ¿Qué pasa si dejamos de «mirar» a otros?

He usado poco las redes sociales y llegué a un punto donde constaté que la información controla y a ratos resulta provechoso ignorar de modo selectivo, es decir elegir qué desconoceré. En este sentido en la actualidad, por ejemplo, dejé de seguir a todas las personas en Facebook. Cada vez que agregas a alguien de modo automático la «sigues» y eso hace que aparezcan sus publicaciones, ahora bien ¿Qué pasa si dejo de seguir a otros? Facebook empezó a mandarme todos los días al menos 5 personas que quizás conozca (y las desconocía), entonces como dejé de seguir me empezaron a aparecer solo anuncios publicitarios y publicaciones de las páginas que me interesaban que eran noticias y artículos científicos.

¿Por qué ignoro? Porque la información es poder y la información controla de modo inconsciente a las personas. Por ejemplo, si ves que alguien sube algunas fotos en tu ciudad le mandas mensaje, vamos a vernos y eso es perder el tiempo, si la chica que te gusta sube su foto con su ligue pues te desanimas, si te enteras que tu novia se fue de antro te molestas.

Cuando tomas la determinación de seleccionar qué ignoras, vives en un mundo donde desconoces banalidades o asuntos de otras personas que te quitan tiempo y vida. En descargo y como recompensa ganas tiempo para estar contigo, para pensar, meditar, proyectar, crecer en tu interior. Hay personas que están acompañadas y lejos de valorar la compañía les resulta imposible la soledad y lo que resulta más triste y desconcertante para esos humanos es insoportable estar consigo mismas.

Eso es mucho mejor que andar averiguando lo que hacen otras personas, en lo personal ignoro los estados de las personas, sus historias o videos, los perfiles ajenos, en lo absoluto me interesan porque he elegido ignorar.

Evito que me controlen y me ahorro cambios de emociones, esperanzas infundadas, falsas expectativas y lo más importante decido qué hacer con el tiempo y el estado emocional y mental invirtiéndolo para mí mismo.

En ocasiones lo concibo como ser ignorante porque «ignorar es bueno si eliges que ignorar».

5. Nunca enojarme

Para que una persona desista del enojo primero debes de estar completo, ser plenos es complicado en la vida en general además de la vida amorosa, estar completo ayuda en la vida familiar, amorosa, laboral y personal

¿Y que es estar completo? Estar completo representa muchas dimensiones, desglosemos punto a punto.

a) Orgullo

El orgullo te acerca al engreimiento y al egoísmo y se confunde con la dignidad, el aplomo o el carácter. Un aspecto positivo es que te hace seguir adelante, te hace avanzar, seguir firme en las decisiones tomadas y dejas de mirar atrás. Dejas ir a alguien, en algunas ocasiones por desgracia, puedes abandonar asuntos importantes o dejas de valorar las experiencias porque las olvidas o le quitas el valor…

b) Enojo

El enojo es un estado que te hace tomar malas decisiones, tal vez parecido al orgullo, un poco más nocivo, te impide ver con claridad, aunque sirve en algunos casos a obtener un poco más de fuerza para alguna acción física, en algunas ocasiones para motivar o seguir adelante, aunque pasa a ser coraje, lo mismo que la anterior, aunque sí es incontrolable puedes perder lo más importante.

c) Perdón

Perdonar a otros es difícil. Considero que, en las relaciones amorosas, por ejemplo, nadie merece una segunda oportunidad, en lo absoluto nadie: tú, el Papa, el presidente, etc., si bien hay algunos tipos de perdón, mantuve contacto con personas cercanas que cometieron errores, derivados de ideas implantadas en ellos que formaron malos hábitos, lo comprendí, justo a tiempo, para verlos con honestidad y gracias a eso he ganado.

d) Tiempo

Todo lo que una persona puede aprender debería ser alrededor de lo más importante de la vida, aspectos que se aplican para cada ser vivo, para poder vivir o morir debemos pensar en el tiempo, aquello que a todos nos sigue y que a todos nos afecta.

Perder el tiempo es un error fatal que comenten los seres vivos y considero que los humanos desconocemos su importancia, lo desvalorizamos y lo desaprovechamos, perdemos mucho tiempo con las personas que nos rodean porque estamos muy ocupados siendo orgullosos, estando enojados, teniendo rencor, retomando el pasado.

Dejamos de perdonar y nos apegamos al pasado, vivimos anclados al pasado, y dejamos de vivir el presente. Está bien que valoremos las experiencias para mejorar paso a paso y está bien que aprendamos de las vivencias malas más que de las buenas porque son experiencias que nos marcan, nos cuestan y debemos aprender a dejar de pasar por el mismo error dos veces.

Sepamos elegir lo que aprendemos de nuestras equivocaciones, siempre tomemos lo mejor y apartemos lo peor de lo que nos pasa, saber elegir nos ayuda muchísimo y nos ayuda mucho.

Uno de los puntos más importarte o quizás el más importante, la familia. La familia o para ser más preciso los padres cometen errores y es normal, es inexistente un libro con reglas perfectas establecidas para ser padre, toman algunas decisiones que consideran que son las mejores y sin asesorías sobre la marcha. Algunas veces acertamos, sin embargo, algunas ideas y certezas están tan establecidas que desapercibimos las equivocaciones en nuestra formación como humanos.

Más adelante cuando nosotros tenemos la capacidad de ver el mundo como es, como funciona distinguimos la maldad, tenemos una charla y resulta difícil aceptar un error por más viejos que estemos, es difícil desterrar una idea que tenemos desde hace años, quitar principios de una persona es mucho más difícil de lo que parece, aunque hablando se solucionan esos pequeños detalles.

Existirán ocasiones donde lo instituido y dado como verdadero e indiscutible sea más fuerte que nosotros y nos enojemos, por lo cual debemos ser más fuertes, seguir nuestros principios y entender la posición de las otras personas.

Aguantemos y trabajemos paso a paso hasta que las personas reconozcan lo que es bueno y lo que es correcto en esta vida, lo que en realidad importa es la felicidad de las personas, porque al final es lo que queremos, ser felices en la vida y disfrutarla porque vida solo hay una.

6. Mantener el orden y dejar de usar la fuerza y/o poder para acciones malas

Porque la sociedad te observa en todo momento y como ya vimos con anterioridad, la sociedad polariza todo con bueno y malo.

7. Evitar predecir el futuro

Porque, aunque pueda predecírselo a las personas debido a que sé cómo es su comportamiento porque están influenciados por la sociedad, experiencias y comportamiento natural del humano, resulta imprudente decir el futuro.

Nunca predigas el futuro por más famoso que quieras ser desiste de ese afán, te ahorrarás muchos conflictos y situaciones desagradables porque muchas personas están hechas para fracasar y es malo ser el portador de malas noticias.

Disto de ser mago, sin embargo, soy científico y observo el comportamiento de las personas y quizás solo tengo «suerte» al saber qué es lo que pasará con algunas de ellas.

8. Solo Rabelo puede romper las reglas

Va de la mano con la ley de incertidumbre, a la hora de decidir evita influencias de otros, actúa en consecuencia de lo que sientas, veas o escuches deja al margen lo que te digan o te quieran decir los demás, impide que influyan en tu vida, muchas personas solo te quieren ver fracasar para que estés con ellos en el grupo de personas que dejaron el éxito fuera de sus vidas. Vive tu vida, tu sueño, haz lo que quieras y disfruta que solo hay una vida.

Cápsula 3.3 Nacimiento de un sueño

Un día estaba viendo la tele, a los 9 años de edad cambié la visión de vida para siempre, es incomprensible hoy en día cómo fue que, en aquel entonces, analicé las caricaturas que veía. Los buenos y los malos, un hecho curioso, los buenos luchando por un mundo mejor y los malos queriendo acabar con todos, hubo profundidad en esta visión. La humanidad, todos quieren salvar a la humanidad y al mundo, ahí empezó todo, dejar de ser el héroe, solo salvar a la humanidad pase lo que pase.

Con el paso de los años disfruté entendiendo cómo han funcionado los objetos, saber cómo y por qué funcionaban de esa forma, quién las había inventado y cómo. Comencé con la física clásica hasta llegar a la física cuántica donde todo se complicó.

En 2016 tuve, en la parte de atrás de una libreta, apuntes e ideas vagas de cómo transformar la radiación solar en energía para viajar al espacio, durante el segundo año de prepa el primer invento propuesto, una olla con sistema de enfriamiento, la problemática era que las ollas estaban calientes cuando se querían colocar sobre superficies que pudieran afectarse por la temperatura entonces la solución en aquel tiempo era colocar una tabla por debajo.

Poco a poco observando problemas y pensando en soluciones de todo tipo, no obstante, pensar era difícil, seguir con mi sueño sí que lo era, ¿Por qué? La sociedad, en ocasiones me preguntaba cuál era ese sueño y una vez anunciado me tildaban de loco, que eran «chaquetas mentales», fue en aquel momento donde dejé de expresarlo, las personas desentendían lo que quería hacer, porque estaban aferrados al ciclo de la vida deduje que: nacen para crecer; crecen para aprender; aprenden para trabajar; trabajan para tener una familia; tienen una familia para reproducirse; se reproducen para envejecer y envejecen para morir.

Desde pequeño identifiqué que fui distinto, un «poco raro» como dirían muchos, observaba algunas situaciones y se me hacían absurdas, eran muy fáciles de entender, me adelantaba a las respuestas de las problemáticas, aun así, fui alguien con una inteligencia distinta, porque la inteligencia tradicional para la sociedad consistía en que hiciera la tarea y entregara todo de modo impecable, ordenado y sumiso, tal actitud representa al que saca 10 en todo. Para mí fue suficiente aprobar los exámenes, sin memoria automática, mientras tanto pensaba en crear soluciones a los problemas y aquello resultó más importante que la obtención de buenas notas.

Otros de los inconvenientes que tuve con dicho sueño fue la felicidad, pensé que cumpliéndolo sería feliz, supe luego que sería distinto, tal vez llenará un vacío, la felicidad es secundaria en la vida relacionada con los 3 objetivos de los humanos.

He aprendido mucho en todos estos años, tanto que considero que tengo mucha experiencia, aunque resulta obvio que me falta mucho por recorrer. Como Galileo, me autodenomino genio, debo admitir que obtuve calificaciones regulares en la escuela, considero que tengo ideas originales. Podría ser un prodigio, solo tengo memoria numérica, me considero bueno con los números, aunque dejo, por convicción, de memorizar nombres.

Un sueño es lo inalcanzable, lo imposible de lograr y un sueño dividido en partes constituyen las metas. Para que entiendan mejor, sueño con «crear un nuevo mundo» siendo más amplio sería «habitar un nuevo planeta» prosigamos por partes «nuevo mundo» porque me gusta cambiar a las personas, con constancia estoy sacrificándome por las personas a las que llamo «humanos» debido a que considero que son inconsciente de las situaciones.

Considero que los humanos tienen problemas fáciles de resolver y es ahí donde intervengo ayudándolos a resolver tales conflictos a cambio de que ellos sean mejores personas, aunque el objetivo es encontrar otro planeta apto para la vida humana considero que este planeta es inmerecido para la humanidad, en el tiempo que he estado vivo he visto situaciones o hechos desagradables que me molestan y desearía ser invidente, me desaniman, me decepcionan, me molestan y lo menos que quisiera es salvar a una humanidad que desprecia a la vida.

El sueño lo obtuve a la edad aproximada de 9 años y lo conseguí observando dibujos animados que representaban fantasías difíciles de conseguir, en consecuencia, lo perseguiré sin dudar y sin miedo, me aferraré con todo lo que tenga para conseguirlo y eso me llevará cerca de la vida y lejos de la muerte.

Capítulo 4
f(D)≈f(d)
Función de Dioses tiende a función de Demonios

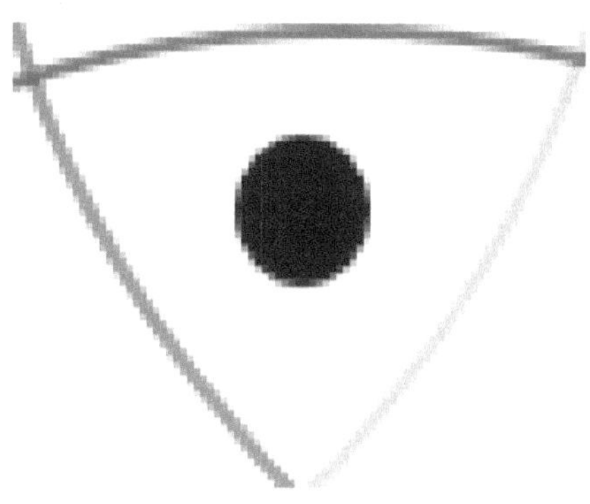

Como ya vimos, los soñadores somos un pequeño grupo de personas diferentes con características distintas, una vez que alcanzamos el éxito o nuestro sueño pasamos a ser Dioses, con la peculiaridad que nuestra posición está establecida por la sociedad.

Un sueño está constituido por metas y será secundario los medios o qué harás para obtenerlas, vivimos con humanos los cuales tienen reglas establecidas y que debemos respetar, aunque muchos lo hacen y otros dejan de hacerlo, eso es lo que nos diferenciará si estamos adentro o afuera del círculo negro.

Un ejemplo de las personas que están adentro del círculo negro son aquellas personas como Pablo Escobar, un gran narcotraficante con mucho éxito, fama, riqueza y poder, al igual que los dictadores como el actual presidente de Venezuela.

Un ejemplo de las personas que están por fuera del círculo fueron seres excepcionales como, por ejemplo: Sócrates

Sofronisco, Jesús de Nazareth, Lucio Séneca o Galileo Galilei que perdieron su vida apoyando sus ideas, siendo coherentes con sus planteamientos.

Cápsula 4.1 Karma

Siendo un niño pensé que los actos buenos, las buenas acciones tenían buenos resultados y los que actuaban mal en consecuencia les iba mal, aunque hay muchos narcotraficantes o gobernantes que roban, dejan personas sin comer, hacen acciones detestables tomando en cuenta la idea de la sociedad sin embargo siguen vivos, disfrutando su vida «llena de logros y dinero».

Estaba muy pequeño para saber la respuesta de aquello y, por desgracia, muchas de las preguntas solo quedaron en mí, era inmaduro para formular preguntas a otras personas y algunas de tales interrogantes solo dieron vueltas en la mente y muchos años después respondí aquellas que algunas veces me produjeron insomnio.

¿Y tú qué crees? ¿El karma existe?

Cápsula 4.2 Morimos en el intento, vivimos para cumplir nuestro sueño

Cápsula 4.3 Humanos y demonios 2.0

Hace mucho tiempo pensé que era distinto a los humanos comunes, fue raro, fui alguien extraño, con mucha bondad y nobleza, ¿qué estuvo pasando? ¿Porque fui diferente a los demás?

Mantuve limpia las calles, sin arrojar desperdicios. Observé, aprendí rápido, entendí humanos, sus emociones, cuando veía a alguien en la calle lo ayudé, primero en los demás y luego en mí, estuve errado, los humanos son egoístas y desagradecidos por naturaleza.

¿Entonces fui humano? O quizás los humanos dejaron de ser humanos, quizás los humanos fueron demonios por abandonar a los demás y fui un humano diferente.

Imagina un mundo en el que todos tienen un brazo y nace un bebé con dos brazos. Todos los de su mundo lo verían como extraño, como la oveja negra, alguien raro, aunque nosotros sabríamos la diferencia que, en realidad, es aquel que tiene dos brazos el normal.

Así entendí el poder de la sociedad, la sociedad es la que controla todos los estándares del mundo, en todo el mundo son convenciones diferentes están establecidos por los propios humanos y pienso que algunos de los estándares están mal establecidos, están guiados para que los humanos queden atrapados y uno de los objetivos es cambiar a este mundo.

Capítulo 5
∑R+P+E+F
Sumatoria de riqueza, poder, experiencia y fama

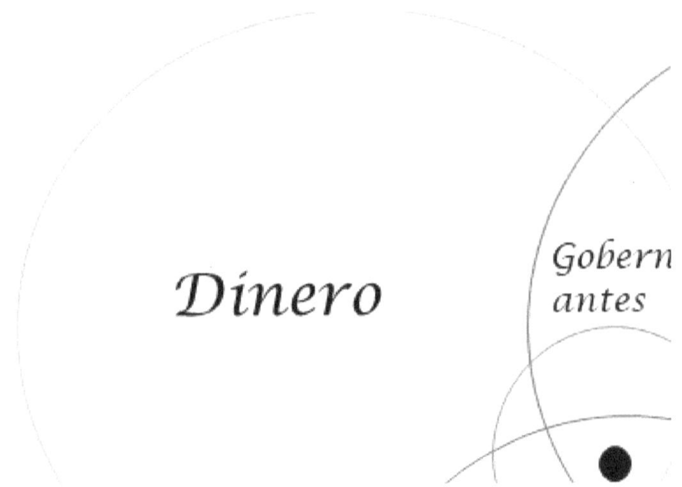

Sumatoria de las cuatro dimensiones

Vimos a la humanidad en una sola imagen, es interesante como se pueden agrupar todos los humanos en relación con su funcionalidad y con su forma de pensar y pudiéramos graficar las áreas de los círculos y saldrían los números de gobernantes, estrellas, soñadores, ricos, poderosos, fama, famosos. Lo adaptaríamos a una escala manejable ahora en las tres dimensiones, aunque dado a que son cuatro la adaptación será mínima.

Ya conocemos las 3 dimensiones o los 3 puntos principales: riqueza poder y fama, - ¿Cómo integramos a la experiencia en cada uno de los octantes?

Para los más felices que son contantes es fácil, cada uno toma uno de los sentidos. Volvemos a utilizar los mismos colores para hacer un poco más fácil la explicación, amarillo el vector hacia arriba y abajo, el poder el vector hacia la derecha e izquierda y el azul que es la fama hacia la tercera dimensión, las nubes verdes es la experiencia, que está en todos los octantes en forma de campo o en forma de espacio y tiempo o quizás la dualidad onda partícula cuando deja de medirse.

A diferencia de otros aspectos que desconocemos podemos decir que aquellas personas que son soñadoras las podemos ubicar en el:

Poder	0
Fama	0
Riqueza	0

¿Por qué? si un soñador es aquel que obtiene los 3, es porque la mayor parte de su experiencia está en el punto de inicio 0 para las 3 dimensiones ¿Por qué se ubica ahí la mayor parte de la experiencia?

Es sencillo, porque los soñadores distamos de estar en esas 3 dimensiones; los soñadores buscamos más allá de lo material ¿qué podemos comprar con el dinero?, ¿qué controlamos con el poder?, ¿qué invadimos con la fama? Buscamos marcar la historia, hacer la diferencia, lo que nos gusta; contradecirlo todo, formar nuevas reglas, destruir a la sociedad; mirar a los ojos a los dioses, desafiar al poder, lograr nuestro objetivo, obtener nuestro sueño. Pareciera alocado, así somos los soñadores, extraños, extraterrestres, así nos sentimos, diferentes de este mundo y nacimos para eso.

Cápsula 5.1 Actitud

Siempre he sido el mejor en los trabajos desempeñados, es claro porque me gusta trabajar y siempre doy lo mejor de mí lo que hace que sea de los mejores en poco tiempo, he logrado un ascenso de puesto en 15 días o en un mes después de haber entrado al trabajo.

Ha sido normal que me haya ido bien en los trabajos, siempre sucedió y poco me importó que dejara un trabajo por otro, siempre encontré trabajo rápido por la experiencia y quedaron fascinados cómo trabajé en cada uno de ellos. Para mí fue normal hasta que supe la diferencia entre buena suerte y suerte.

La suerte consiste en que me han contratado por el currículo que he construido, tuve la experiencia y los empleadores se han arriesgado conmigo, eso dista de ser suerte porque soy incrédulo de la suerte, todo es probabilidad, hasta cierto punto con un escaso margen de suerte y ahí termina.

La buena suerte comenzó cuando trabajé, inicia dando lo mejor de mí sin querer ¿Por qué pasa? Porque trabajo y pareciera dharma, aunque tampoco creo en el dharma, si trabajo bien me irá bien, en realidad la buena vibra atrae a lo bueno, hace poco lo analicé, desconocía porque siempre me iba bien, así funciona el mundo y tu vida, la llamo buena vibra, otros le dicen actitud, si funciona, aunque les parezca mágico.

Capítulo 6
Conceptos de un soñador

Disparo de realidad

La adquisición de experiencia dependerá de lo que hagas más que de la lectura de este libro, cambiarás tu punto de vista por tus convicciones, acá tratar de convencerte sería inútil, aconsejarte o descubrir puntos para ser ricos o millonarios dejan de ser objetivos o intenciones de este libro.

Aquí comparto ideas para que sepas si tienes o careces de lo necesario para serlo y esa experiencia ni es heredada, ni congénita, al contrario, si crecemos con experiencias nos formamos y obtenemos habilidades para cambiar y conseguir metas y sueños.

En conclusión, para ser un soñador necesitas inspiración, somos más sencillos que los humanos dado a que lo material es prescindible lo emocional es pasajero y fugaz, necesitamos de una habilidad e inspiración, para en una segunda fase con fuerza de voluntad y determinación lograr lo propuesto.

Disto de ser el ungido o el predestinado que te dirá que eres un soñador, soy el indicado para decirte las características de un soñador, más allá de describirte los pasos porque todos los sueños son diferentes, con diferentes propósitos, en realidad ni siquiera son las mismas experiencias, la vida será vista de distinto modo por cada persona. Nunca es tarde para comenzar a soñar.

Cápsula 6.1 Algunos nacen para ser millonarios, otros para ser trabajadores

Identifícate

Sabemos hacer de todo si nos desenfocamos de una materia especial, en realidad sentimos que podemos hacer de todo porque cualquier actividad o disciplina que tomemos y le mostremos interés podemos aprenderla de una manera rápida e impresionante y es ordinario, es de humanos.

Por esa razón con frecuencia sabemos hacer de todo, aunque, en realidad nos aburrimos muy rápido, una vez que sabemos hacerlo, buscamos aprender más, cambiamos muy rápido de trabajo por la misma razón, somos los mejores, tenemos el poder y control de las actividades y de las personas para después cambiar a otro trabajo para conseguir más logros y sobre todo diversión

Quedarnos en un solo lugar por el área de confort deja de ser una opción al menos que estemos trabajando en otra actividad de manera simultánea.

Limitaciones

Como sabemos hacer de todo y tenemos habilidades extras que a los demás se les dificultan, debemos crear limitaciones con los humanos. Porque de modo extraño tenemos la capacidad y lo sabemos, cuidamos de los humanos o evitamos dañarlos, somos y sentimos tal extrañeza por naturaleza.

Tengo reglas que en la actualidad pienso quitar algunas de ellas y de igual forma pienso en otras reglas que los humanos deberían tener, reglas para los soñadores —en realidad— es muy difícil identificarlas porque somos muy extraños, aunque somos muy buenos fingiendo para permanecer en los grupos o para conocer personas.

Amor

Somos muy buenos obteniendo parejas, aun cuando somos muy malos en las relaciones, claro porque a muchas parejas les atrae lo interesante o lo misterioso. Se siente desde lejos cuando una persona finge, es una pequeña habilidad de algunas parejas fingir y todo bien hasta ahí, una vez que estamos en una relación comienza lo «feo», somos muy diferentes y hacemos actividades extrañas.

Pareciera que utilizamos a las personas o nuestra forma de querer es muy extraña, en realidad todos los puntos son diferentes, hacemos experimentos, los aspectos que notamos los marcamos, nos fijamos mucho en los pequeños detalles, hay muchos puntos que explicar sobre nuestras relaciones y preferimos la soledad y aceptamos la realidad

Somos muy buenos atrayendo a las personas porque somos buenos líderes, hasta ahí queda la relación, solo colegas porque como la ley de la incertidumbre nos dice, deja de interesarnos tener conocimientos que van en contra de nuestro objetivo.

Aceptación

Algunos crecemos para ser millonarios otros apenas tendrán recursos para sobrevivir o lo necesario para «vivir», ¿Imagínate un mundo en el cual todos seamos millonarios? ¿Quién trabajaría? ¿Quién haría el trabajo sucio? es un mundo donde eres empleado o eres el dueño de la compañía y por qué ha de censurarse, aunque suene duro es la realidad, eso es vivir con la realidad y aceptar la realidad es fundamental para vivir

Cápsula 6.2 Farmacia emocional

La farmacia es aquel establecimiento al cual llegas cuando tienes un dolor físico, ¿Adónde vas cuando tus emociones están malas y quieres aliviar ese dolor? Claro, si te sientes mal puedes ir al psicólogo para que te ayude a conseguir cuál es el problema e intentes sanar ¿Qué te receta para que te sientas mejor? Antidepresivos, té y meditación.

Por muchos años pensé y me pregunté ¿Por qué las personas consumían alcohol? En ocasiones lo hacen para convivir en la sociedad, pertenecer a un grupo, algunos conviven tomando con moderación ¿En qué ayuda? Relaja el cuerpo, si estás triste te pone más triste y si estás feliz te pone más tranquilo y te relaja. ¿Por qué las personas tristes toman alcohol?(algunas) Las personas tristes recuerdan lo que ha quedado atrás y aquella bebida ayuda a olvidar —por un tiempo limitado— las penas y atribulaciones, funciona parecido a una pastilla, tomas una aspirina para el dolor de cabeza y se te quita por unas horas y cuando pasa el efecto regresa el dolor, lo mismo con el alcohol, te sientes triste por alguien, tomas un poco de alcohol para relajarte, olvidas durante un rato, te «sientes mejor» aunque luego cuando pasa el efecto regresa el síntoma.

Entonces concluimos que todas las farmacias emocionales son aquellas donde venden alcohol, es así, un Modelorama, un Chedraui, un Beer Store, LCBO, etc.

¿Cómo se quita el dolor emocional? Siendo libre, hay muchas preguntas ¿Ser libre de qué? ¿Para qué? Y la respuesta es sencilla, ser libre del pasado.

¿Qué es la felicidad?
La felicidad es una palabra que nos ha confundido por muchos años, pareciera fácil para los humanos, nosotros —los soñadores— funcionamos de un modo diferente y si buscamos definiciones buscamos también significados para los humanos.

Tenemos reglas diferentes y lo «normal» queda sin funcionamiento para nosotros, puedo decir que este es el primer libro escrito para soñadores, con errores, estoy seguro que tendré más aciertos que fallos siendo un soñador.

La felicidad está en tu sueño, con veracidad lo afirmo, durante muchos años pensé en dejarlo, abandonarlo a cambio de una vida familiar feliz, junto a una novia o a hijos, aun cuando estamos para otras vivencias.

Fuimos creados para alcanzar nuestro sueño y cada vez que quieras abandonarlo usa tu imaginación e imagina cómo te sentirás cuando lo consigas ¿verdad que te emocionaste? Porque nuestro sueño solo lo tenemos nosotros y aunque muchos tengan la capacidad pocos tienen la motivación y aunque muchos tengan la motivación pocos tienen la experiencia que tenemos nosotros para levantarnos a pesar de que el camino esté lleno de obstáculos

Amor a primera vista

Una de las preguntas más importante que una persona se puede hacer en la vida, para ser más exacto en la vida amorosa es ¿Cómo sé que es la indicada? ¿Por qué es una pregunta tan importante? Cuando eliges a una persona su espacio será exclusivo, en el camino de la felicidad hay muchos obstáculos los cuales podrían derrumbarnos y la mayoría de las personas caen, se desvían del camino, pierden el rumbo, dejan de ver el camino por tanta niebla o se quedan en el suelo.

Tales errores o tropiezos son las infidelidades. Muchas personas pierden la fe en las personas por errores y de modo equivocado metemos a todas las personas en un campo general donde todas son afectadas siendo falsa tal concepción. Un pequeño porcentaje de las personas hacemos el bien y podría decirse que una relación es de dos personas, en esencia, y que los problemas se solucionan entre los dos ya que son provocados por ambos.

Una buena manera de arreglar los conflictos es hablando —en realidad— es la mejor, aquí viene el problema principal que comienza mucho antes de tener a tu pareja.

Estriba en saber cuál es la indicada, tienes que ser tú mismo. Aunque me considero una persona complicada he encontrado a una persona que me quiera como en realidad soy. Aunque son solo algunos puntos, son aquellos que hacen la diferencia y con veracidad te ayudarán para saber si es la indicada

1.— Eres tú mismo, eres auténtico.
2.— Tienen sueños similares

¿Por qué es importante? Porque en verdad somos extraños cuando somos nosotros mismos y si aun así se queda contigo, significa que es la indicada.

Elegir
Comenzamos con la elección de la persona correcta y aquí comienza la magia de todo, porque para elegir a una persona debes de encontrar lo que más te guste y que pocas personas tendrán, somos millones de personas en este mundo y seremos realistas y aunque pensemos que podrías tener muchos amores durante tu vida, muchas personas tendrán aquello que tanto amas

Por ejemplo, amo la sencillez, me gusta que predominen en las personas y pudiéramos conseguir muchas personas sencillas que coincidirían con esta característica. Conseguirás a la persona indicada cuando colocas otros requerimientos que queremos conseguir en la persona elegida: la aptitud, la actitud la nobleza, sus valores, resultan fundamentales.

Parecerá extraño, lo físico está subordinado a tales virtudes o talentos esenciales, aunque pudiera ser importante y agradable está subordinado a un segundo plano complementario. Por supuesto que una atracción física es necesaria entre las personas, sostengo que es importantísimo sentirse bien con una persona, lo mejor es estar cómodo, sentirse libre de ser el que uno es, dejar de fingir y ser uno mismo.

Debemos proceder con sinceridad, los hombres cuando fingimos, aunque sea un poco, aparentando otra cosa distinta a lo que somos para la obtención de lo que queremos, está mal, aunque con respeto avanzará la confianza se perderá el miedo a dejar algunas poses o imposturas y al dejar la máscara demostraremos la historia auténtica.

En cierta ocasión, en el trabajo, hablando con una señora que podría ser mi madre me comentó a modo de confesión era escéptica con los hombres. Ella reconocía a los 25 años que por allí podía transitar, por lo cual acepté la realidad de que los hombres somos «pica flores», la señora agregó además que los hombres somos idiotas, infieles, que irrespetamos a las mujeres y en tal sentido—por desgracia— acertó.

Así tengamos a la mujer más bonita nos comportamos de manera equivocada y la señora acertó en su aseveración porque los hombres somos así. Hay muchas mujeres bonitas, muchos tipos de bellezas las cuales nos atraen, todas son bellezas diferentes y queremos experimentar, en tal sentido, aquí hay dos tipologías de hombres: los que nos dejamos guiar por la belleza y los que ya sabemos qué es lo que queremos.

Para los que sabemos de la vida —y la valoramos por encima de todo— la formación emocional y ética de las personas deja de ser una necesidad, por ejemplo, la mujer más bella para ser feliz. Cuando ya tenemos claridad valoramos lo que pocos ven, lo que muchos tienen e infravaloran, cometiendo errores, a pesar de la juventud, diferencio a las personas

Motivación futura

La motivación futura implica además de vivir en el presente tu mente vivirá en el futuro, dos de las grandes habilidades de los soñadores son: pensar e imaginar (también conocida como pensamiento espacial), tenemos esa habilidad de imaginar y sentir, crear la sensación como si ya tuviéramos lo que soñamos.

Puede ser muy útil hacer prototipos de productos o estructurar la funcionalidad de teorías, es materializar y hacer una simulación en nuestro interior. Constituyen habilidades diferentes que trabajan de la mano y son diferentes porque pensar es una cosa, todos podemos pensar, la diferencia está en el enfoque que le damos y la magnitud o la facilidad con lo que pensaremos en ideas y proyectos complicados. Imaginar es el segundo punto: y consiste en darle forma a dichos pensamientos y prever las posibles fallas o ventajas en la simulación.

Punto sin retorno

Un punto sin retorno sin posibilidad de regreso, por ejemplo, me cuesta mucho dormir y para hacerlo uso una estrategia curiosa: recuerdo la película del «aro» y me ubico en el peso de la primera película, en ocasiones me sale la niña, lejos de ser un problema, imagino que me lanzo al pozo, esa sensación de caída infinita implica que mientras más caigo en el pozo más oscuro se vuelve y así hasta que me quedo dormido, me ha funcionado cerca de un 80 por ciento de las veces, aunque en otras ocasiones si tengo dificultades para dejar de pensar, acudo a otros medios.

Un punto de retorno es similar, una vez que te tiras al pozo es irreversible, sin agarres o frenos y aunque pudieras intentarlo resulta vano. El punto de retorno tiene muchos puntos de vista y muchos usos, si tienes una relación mala y reconoces que la tienes que terminar por el bien mental de las dos partes: la terminas. Sin embargo, creas un punto de retorno donde tienes la certeza que será imposible volver con esa persona. Los puntos de retorno tienen 2 características o partes en las que se divide

1. Definir el punto sin retorno
   Analiza la situación y percibe cuál es el punto sin retorno, piensa en la acción que pasará ese límite, por ejemplo, si terminas una relación y ya quieres suprimirlo todo, toma la decisión y borra su número así evitarás llamadas reincidentes, que se comuniquen te escriban o te llamen, bloquea y borra su número y una vez que lo hayas hecho volver atrás deja de ser una posibilidad porque ya lo hiciste y volver al pasado es imposible y si aún recuerda su número haz ejercicios de olvido.

2. Decisiones difíciles requieren voluntades fuertes
Pasa a la acción, aun cuando hay formas de hacer retornos más adelante, entonces será inútil haber pasado a la acción.

Dios vs Probabilidad

Seré sincero, la verdad soy incrédulo de las religiones, soy hombre de ciencia más que de creencias, aunque fui a la iglesia por más de una década. Pienso a diario: ¿Dios existe? ¿Por qué tanta hay tantas personas sufriendo? Hablando de México, por ejemplo, el 49.9 por ciento vive en la pobreza, fui de ella porque cuando nací vivíamos debajo de un puente, en una casa de láminas metálicas. Me pregunto qué han hecho todos esos bebés que nacen en pobreza extrema para merecer eso si se supone que nacemos sin pecados.

Una vez estando en Canadá compre un billete de lotería, el premio mayor era de 55 millones de dólares, tan solo quería una parte, con un millón era suficiente, quizás los demás podrían usarlo para ayudar a los pobres, hacer una fundación, orfanato o cualquier otra cosa. En ese instante me pregunté, si dios existe y sabe que ayudaré a los demás ¿Por qué impide que gane el premio? ¿Qué hicieron los ganadores para merecer ganar el premio? ¿Que tanto han sufrido en la vida para ganar y en vez de donarlo comprarse un convertible? ¿En verdad dios existe o solo es aquella fuerza de voluntad que usan las personas?

Hasta la fecha sigo sin ganar, quizás porque soy incrédulo o quizás porque debo sufrir más, en realidad tengo suerte porque tengo manos, piernas y todo lo necesario para trabajar, y aquellos que carecen de ellas, me pregunto ¿Qué estarán pagando? ¿Es un castigo divino o quizás solo probabilidades?

Sueño vs familia

Unas semanas después de que presenté el proyecto universitario final, regresé con mi jefe Winger. Para celebrar el regreso y la presentación me invitó a comer a un St. Louis. Y mientras comíamos platicamos sobre mi sueño, los planes, patentes, libros, compañías y proyectos que quiero hacer, en ese instante me preguntó

—¿Qué es más importante para ti? Tu sueño o tu familia

Nací en pobreza extrema me falta libertad financiera para invertir o para realizar todos los proyectos, la familia me necesita y recuerdo los compromisos.

Admito que para llegar adonde estoy he pasado por múltiples experiencias, tengo 25 años, aunque el cuerpo se siente como de 40. Los dolores en las rodillas, espalda, brazos han pasado a un plano secundario porque debo elegir de modo dual entre mi sueño y la familia y la triada entre la salud, mi sueño y la familia queda sin resolución.

Tengo la experiencia de una persona de 50 años aconsejando a mi madre y a personas mayores, lo cual es todo un conflicto y después de un año he sabido la respuesta me la reservo, espero que después de leer este libro puedas elegir y que tal elección sea la mejor para ti.

Carta para un soñador

Lejos de ser alguien que deba decirte cómo vivir, debo manifestarte que he vivido lo suficiente para decirte qué hacer; sostengo que la consideración y determinación entre lo malo y lo bueno es inexistente. Existe lo real y tal existencia resulta útil cuando vivimos acoplados con nuestra realidad, siendo coherentes con ella. Después de tu lectura pido comprensión, flexibilidad y disculpa si alguno de los planteamientos te ha resultado ofensivo en relación con tus posturas vitales, la intención fue hablarte con sinceridad y agradezco tu receptividad... Espero que esta ayuda te sirva, te deseo lo mejor y espero verte pronto en la cima del éxito.

Lecturas recomendadas

El poder de trabajar en ti. Ejercicios para tu bienestar
(Raquel Caspi Miller)

Superpotencia ¿Por qué no lo somos, pero deberíamos serlo?
(Alejandro Rodríguez)

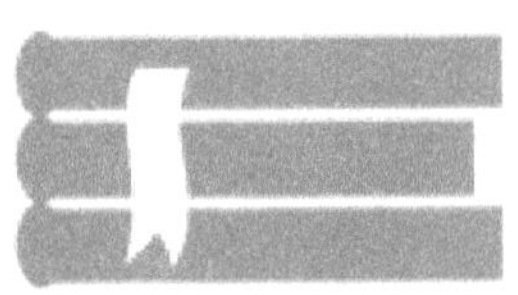